Impressum
Verlag: BABADADA GmbH, Nedderfeld 112 , 22529 Hamburg
Geschäftsführer / Verlagsleitung: Harald Hof
Druck: Books on Demand GmbH, In de Tarpen 42, 22848 Norderstedt

Imprint
Publisher: BABADADA GmbH, Nedderfeld 112 , 22529 Hamburg, Germany
Managing Director / Publishing direction: Harald Hof
Print: Books on Demand GmbH, In de Tarpen 42, 22848 Norderstedt

l'école
sekolah

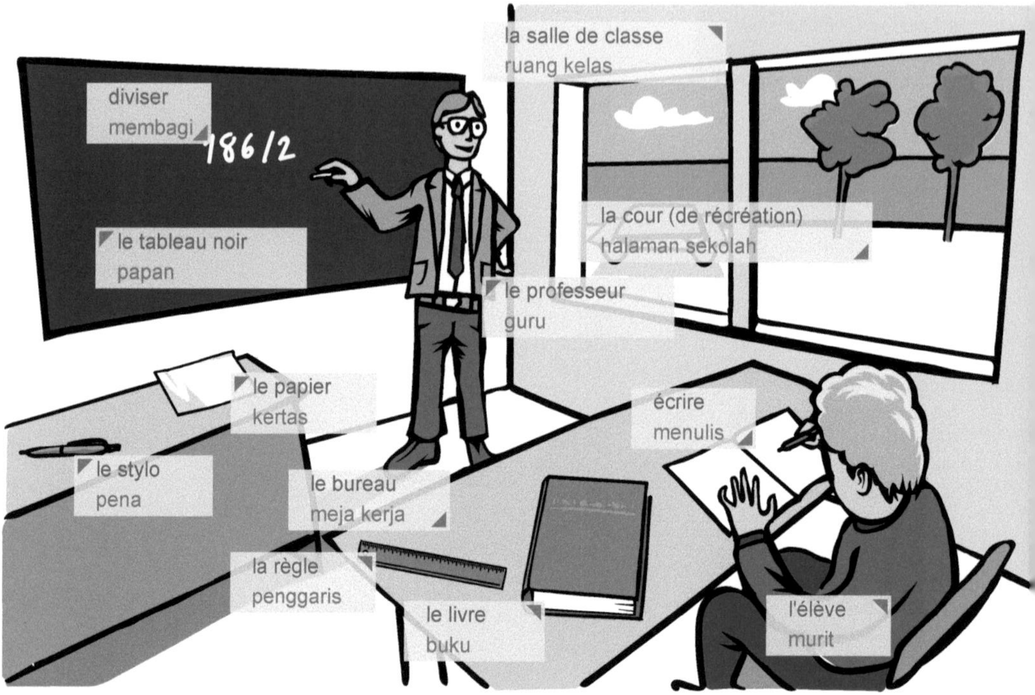

la salle de classe
ruang kelas
diviser
membagi
186/2
le tableau noir
papan
la cour (de récréation)
halaman sekolah
le professeur
guru
le papier
kertas
écrire
menulis
le stylo
pena
le bureau
meja kerja
la règle
penggaris
le livre
buku
l'élève
murit

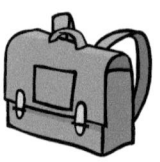

le cartable
tas sekolah

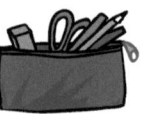

la trousse
tempat pensil

le crayon
pensil

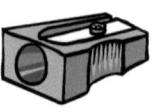

le taille-crayon
pengasah pensil

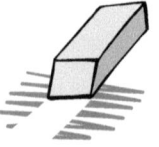

la gomme
penghapus

le carnet à dessin
kertas gambar

le dessin
gambar

le pinceau
kuas

la boîte de peinture
kotak cat

les ciseaux
gunting

la colle
lem

le cahier d'exercices
buku latihan

les devoirs
pekerjaan rumah

le chiffre
angka

additionner
tambhakan

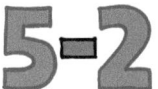

soustraire
mengurangi

multiplier
mengalikan

calculer
menghitung

la lettre
huruf

l'alphabet
alfabet

le mot
kata

le texte

teks

lire

membaca

la craie

kapur

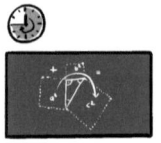

la leçon

pelajaran

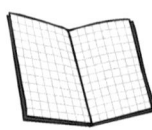

le livre de classe

daftar

l'examen

ujian

le certificat

sertifikat

l'uniforme scolaire

seragam sekolah

la formation

pendidikan

le lexique

ensiklopedi

l'université

universitas

le microscope

mikroskop

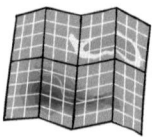

la carte

peta

la corbeille à papier

tempat sampah

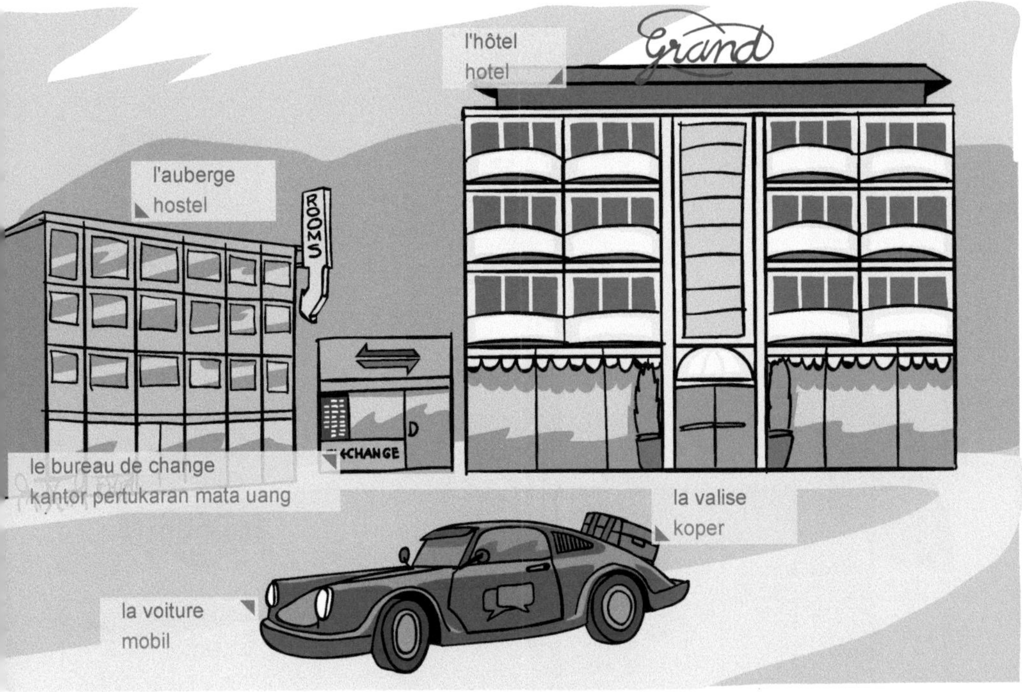
l'hôtel
hotel
Grand
l'auberge
hostel
ROOMS
le bureau de change
kantor pertukaran mata uang
EXCHANGE
la valise
koper
la voiture
mobil

la langue

bahasa

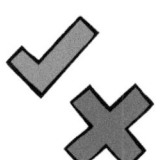

oui / non

ya / tidak

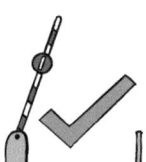

d'accord

okay

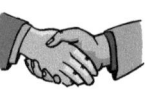

Salut

hallo

l'interprète

penerjemah

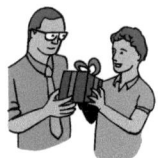

merci

terima kasih

Combien coûte...?

Berapa harganya...?

Je ne comprends pas

saya tidak mengerti

le problème

masalah

Bonsoir !

Selamat malam!

Bonjour !

Selamat siang!

Bonne nuit !

Selamat tidur!

Au revoir

sampai jumpa

la direction

arah

les bagages

bagasi

le sac

tas

le sac-à-dos

ransel

l'hôte

tamu

la pièce

ruang

le sac de couchage

kantong tidur

la tente

tenda

l'office de tourisme

informasi wisata

la plage

pantai

la carte de crédit

kartu kredit

le petit-déjeuner

sarapan

le déjeuner

makan siang

le dîner

makan malam

le billet

tiket

l'ascenseur

elevator

le timbre

perangko

la frontière

perbatasan

la douane

cukai

l'ambassade

kedutaan

le visa

visa

le passeport

paspor

le transport
transportasi

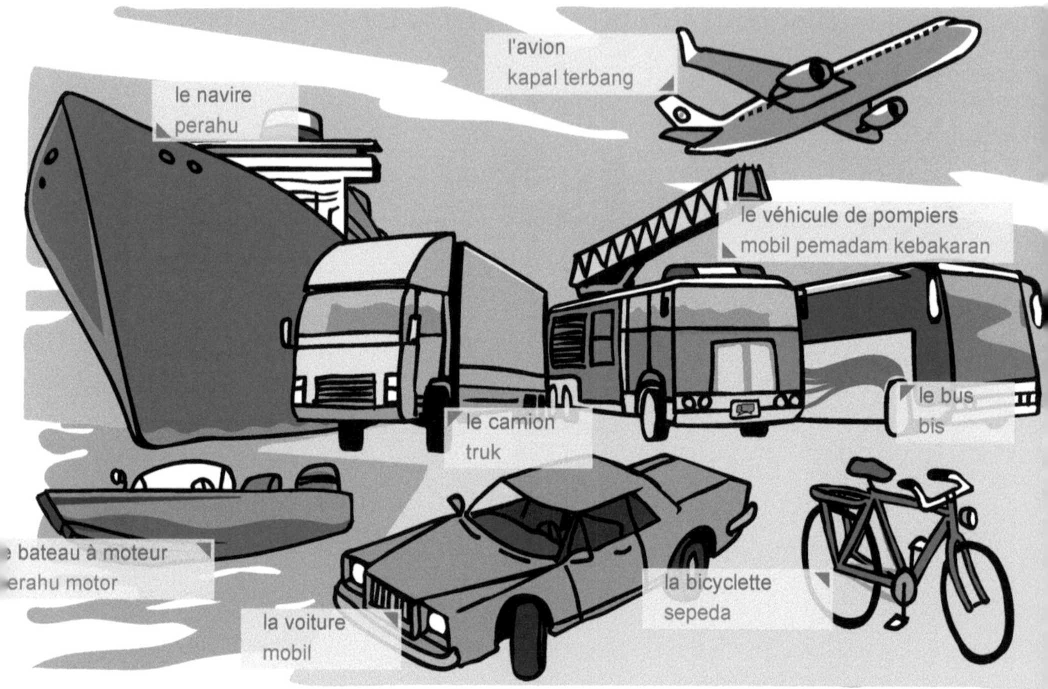
l'avion
kapal terbang
le navire
perahu
le véhicule de pompiers
mobil pemadam kebakaran
le bus
bis
le camion
truk
bateau à moteur
erahu motor
la bicyclette
sepeda
la voiture
mobil

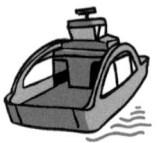

le ferry

feri

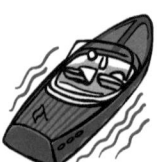

la barque

perahu

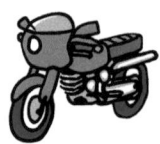

la moto

sepeda motor

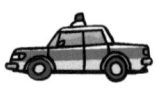

la voiture de police

mobil polisi

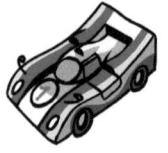

la voiture de course

mobil balapan

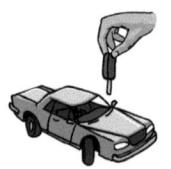

la voiture de location

mobil sewa

l'auto-partage

berbagi mobil

la voiture de remorquage

truk derek

la benne à ordures

truk sampah

le moteur

motor

l'essence

bahan bakar

la station d'essence

bensin

le panneau indicateur

tanda lalulintas

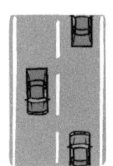

le trafic

lalulintas

l'embouteillage

macet

le parking

parkir mobil

la gare

stasiun kereta

les rails

trek

le train

kereta api

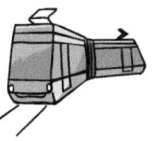

le tramway

tram

le wagon

gerobak

l'hélicoptère

helikopter

l'aéroport

bendara

la tour

menara

le passager

penumpang

le conteneur

container

le carton

karton

le chariot

troli

la corbeille

keranjang

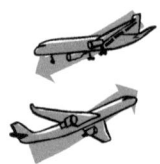

décoller / atterrir

berangkat / mendarat

la ville

kota

le village

desa

le centre-ville

pusat kota

la maison

rumah

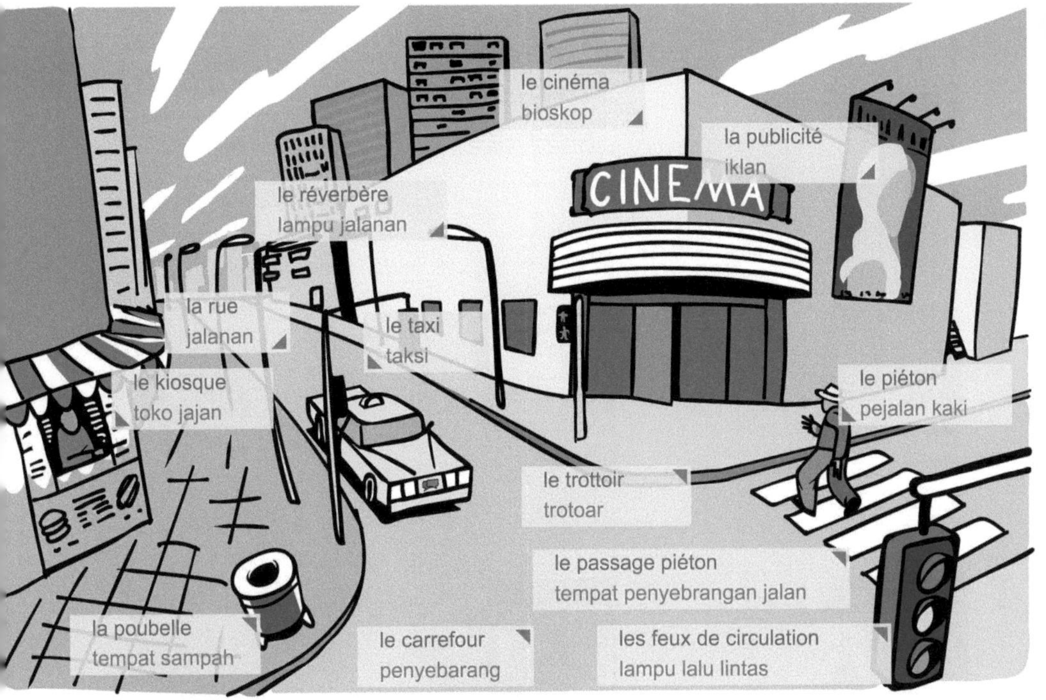

le cinéma
bioskop

la publicité
iklan

le réverbère
lampu jalanan

CINEMA

la rue
jalanan

le taxi
taksi

le kiosque
toko jajan

le piéton
pejalan kaki

le trottoir
trotoar

le passage piéton
tempat penyebrangan jalan

la poubelle
tempat sampah

le carrefour
penyebarang

les feux de circulation
lampu lalu lintas

la cabane

gubuk

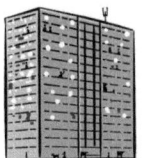

l'appartement

rumah flat

la gare

stasiun kereta

la mairie

balai kota

le musée

museum

l'école

sekolah

la ville - kota

l'université

universitas

la banque

bank

l'hôpital

rumah sakit

l'hôtel

hotel

la pharmacie

farmasi

le bureau

kantor

la librairie

toko buku

le magasin

toko

le fleuriste

toko bunga

le supermarché

supermarket

le marché

pasar

le grand magasin

toko serba ada

la poissonnerie

nelayan

le centre commercial

pusat belanja

le port

pelabuhan

le parc

taman

la banque

banku

le pont

jembatan

les escaliers

tangga

le métro

kereta bawah tanah

le tunnel

terowongan

l'arrêt de bus

pemberhantian bis

le bar

bar

le restaurant

restauran

la boîte à lettres

kotak surat

le panneau indicateur

tanda jalan

le parcmètre

meteran parkir

le zoo

kebun binatang

le réverbère

kolam renang

la mosquée

mesjid

la ferme

pertanian

la pollution

polusi

la cimetière

kuburan

l'église

gereja

l'aire de jeux

tempat bermain

le temple

pura

le paysage

pemandangan

la feuille
daun

le panneau indicateur
penunjuk arah

le chemin
jalanan

le pré
padang rumput

la pierre
batu

l'arbre
pohon

le randonneur
pejalak kaki

la rivière
sungai

l'herbe
rumput

la fleur
bunga

la vallée

lembah

la montagne

bukit

le lac

danau

la forêt

hutan

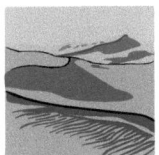

le désert

padang gurun

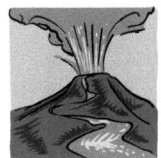

le volcan

gunung berapi

le château

istana

l'arc-en-ciel

pelangi

le champignon

jamur

le palmier

pohon palem

le moustique

nyamuk

la mouche

lalat

les fourmis

semut

l'abeille

lebah

l'araignée

laba-laba

le coléoptère

kumbang

la grenouille

kodok

l'écureuil

tupai

le hérisson

landak

le lièvre

kelinci

la chouette

burung hantu

l'oiseau

burung

le cygne

angsa

le sanglier

babi jantan

le cerf

rusa

l'élan

rusa

le barrage

bendungan

l'éolienne

turbin angin

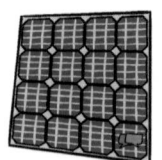

le panneau solaire

panel surya

le climat

iklim

le restaurant
restauran

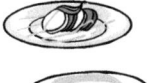

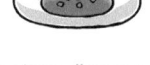

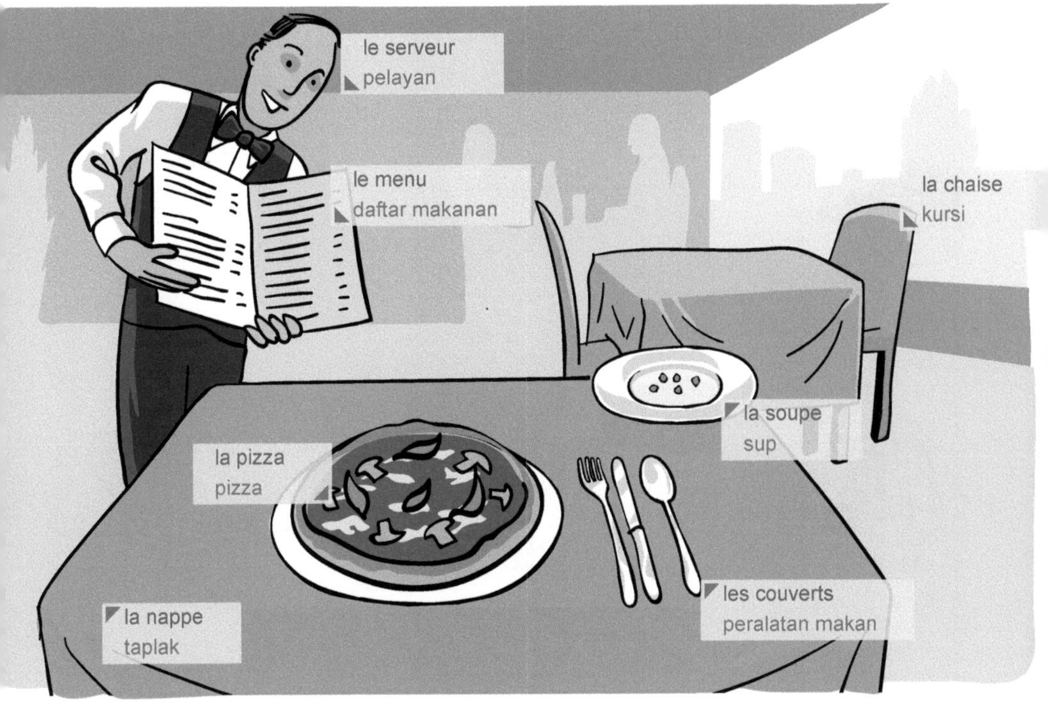

le serveur
pelayan
le menu
daftar makanan
la chaise
kursi
la soupe
sup
la pizza
pizza
les couverts
peralatan makan
la nappe
taplak

les hors d'œuvre

hindangan pembuka

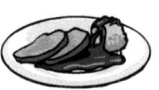

le plat principal

hidangan utama

le dessert

hidangan penutup

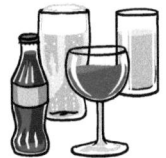

les boissons

minuman

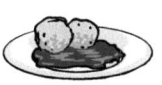

l'alimentation

makanan

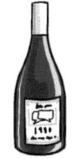

la bouteille

botol

le fast-food

fastfood

les plats à emporter

masakan jalanan

la théière

teko teh

le sucrier

kaleng gula

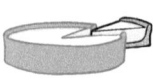

la portion

porsi

la machine à expresso

mesin espresso

la chaise haute

kursi tinggi

la facture

tagihan

le plateau

baki

le couteau

pisau

la fourchette

garpu

la cuillère

sendok

la cuillère à thé

sendok teh

la serviette

serbet

le verre

gelas

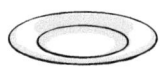

l'assiette

piring

l'assiette à soupe

piring sup

la soucoupe

lepek

la sauce

saus

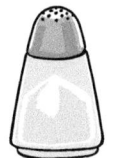

la salière

tempat garam

le moulin à poivre

gilingan merica

le vinaigre

cuka

l'huile

minyak

les épices

bumbu

le ketchup

saus tomat

la moutarde

mustar

la mayonnaise

mayones

le supermarché
supermarket

l'offre promotionnelle
penawaran khusus
FOR
le client
klien
les produits laitiers
produk susu
les fruits
buah
le chariot
troli

BUTCHERS

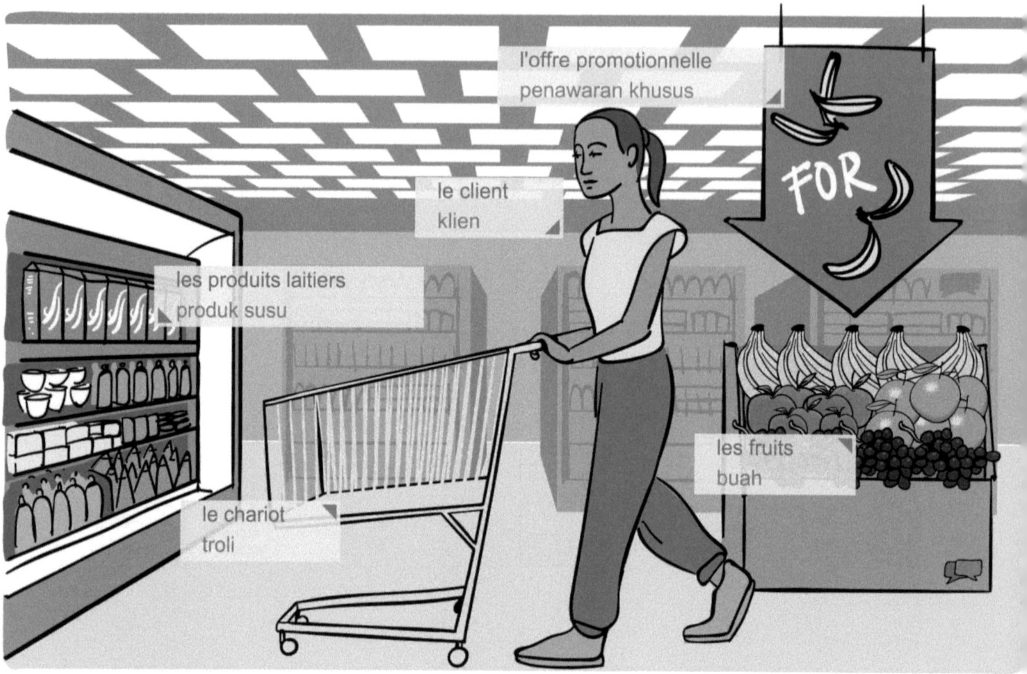

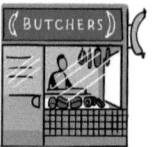

la boucherie

pembantai

BAKERY

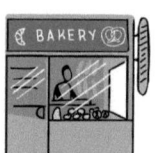

la boulangerie

toko roti

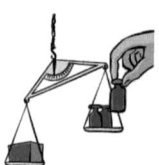

peser

menimbang

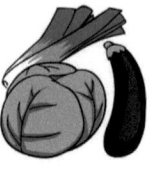

les légumes

sayur

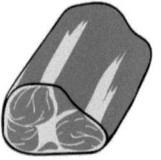

la viande

daging

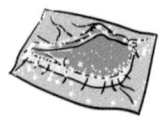

les aliments surgelés

makanan beku

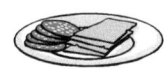

la charcuterie

pemotongan dingin

les conserves

makanan kaleng

la poudre à lessive

sabun serbuk

les bonbons

permen

les articles ménagers

alat-alat rumah tangga

les détergents

obat pembersihan

la vendeuse

penjual

la caisse

kasa

le caissier

kasir

la liste d'achats

daftar belanja

les heures d'ouverture

jam buka

le portefeuille

dompet

la carte de crédit

kartu kredit

le sac

tas

le sac en plastique

kantong plastik

l'eau

air

le jus de fruit

jus

le lait

susu

le coca

cola

le vin

anggur

la bière

bir

l'alcool

alkohol

le chocolat chaud

coklat

le thé

teh

le café

kopi

l'expresso

espresso

le cappuccino

cappucino

la banane

pisang

la pomme

apel

l'orange

jeruk

le melon

semangka

le citron.

jeruk lemon

la carotte

wortel

l'ail

bawang putih

le bambou

bambu

l'oignon

bawang bombai

le champignon

jamur

les noisettes

kacang

les pâtes

mi

les spaghetti

spagetti

le riz

nasi

la salade

salat

les pommes frites

kentang goreng

les pommes de terre rôties

kentang goreng

la pizza

pizza

le hamburger

hamburger

le sandwich

sandwich

l'escalope

sayatan

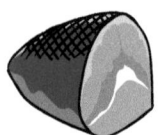

le jambon

ham

le salami

salami

la saucisse

sosis

le poulet

ayam

le rôti

menggoreng

le poisson

ikan

les flocons d'avoine

bubur gandum

le muesli

sereal

les cornflakes

cornflakes

la farine

tepung

le croissant

croissant

les petits-pains

roti

le pain

roti

le pain grillé

toast

les biscuits

biskuit

le beurre

mentega

le fromage blanc

dadih

le gâteau

kue

l'œuf

telur

l'œuf au plat

telur goreng

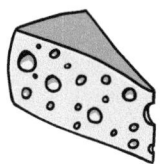

le fromage

keju

l'alimentation - makanan

la glace

eskrim

le sucre

gula

le miel

madu

la confiture

selai

la crème nougat

krim nugat

le curry

kare

la ferme
pertanian

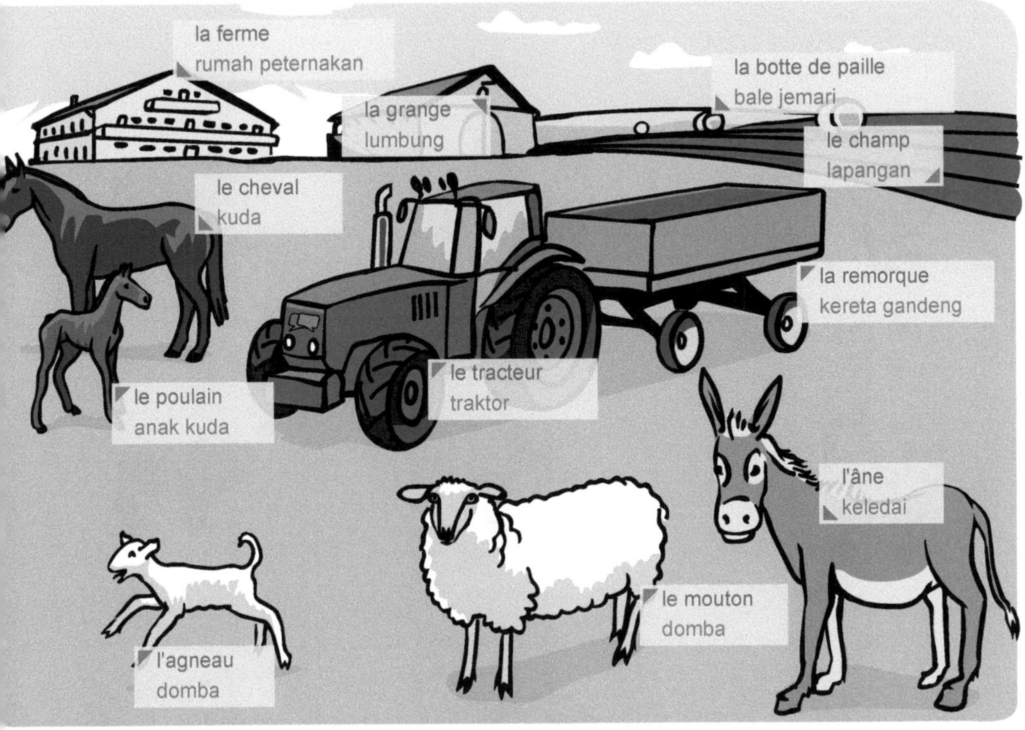
la ferme
rumah peternakan
la grange
lumbung
la botte de paille
bale jemari
le champ
lapangan
le cheval
kuda
la remorque
kereta gandeng
le tracteur
traktor
le poulain
anak kuda
l'âne
keledai
le mouton
domba
l'agneau
domba

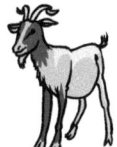

la chèvre
kambing

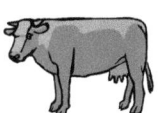

la vache
sapi

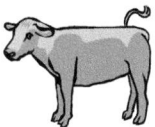

le veau
betis

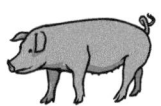

le porc
babi

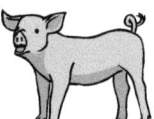

le porcelet
celeng

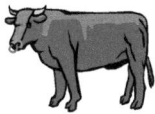

le taureau
banteng

l'oie

angsa

le canard

bebek

le poussin

anak ayam

la poule

ayam

le coq

ayam jantan

le rat

tikus

le chat

kucing

la souris

tikus

le bœuf

lembu

le chien

anjing

le chenil

rumah anjing

le tuyau de jardin

selang

l'arrosoir

penyiram

la faucheuse

sabit

la charrue

bajak

la faucille

sabit

la pioche

cangkul

la fourche

garpu rumput

la hache

kapak

la brouette

gerobak

la cuve

palung

le pot à lait

kaleng susu

le sac

karung

la clôture

pagar

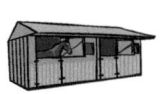

l'étable

kandang

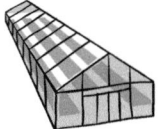

le serre

rumah kaca

le sol

tanah

les semences

benih

l'engrais

pupuk

la moissonneuse-batteuse

mesin pemanen

récolter

panen

la récolte

panen

l'igname

yams

le blé

gandum

le soja

kedelai

la pomme de terre

kentang

le maïs

jagung

le colza

lobak

l'arbre fruitier

pohon buah

le manioc

singkong

les céréales

sereal

la maison
rumah

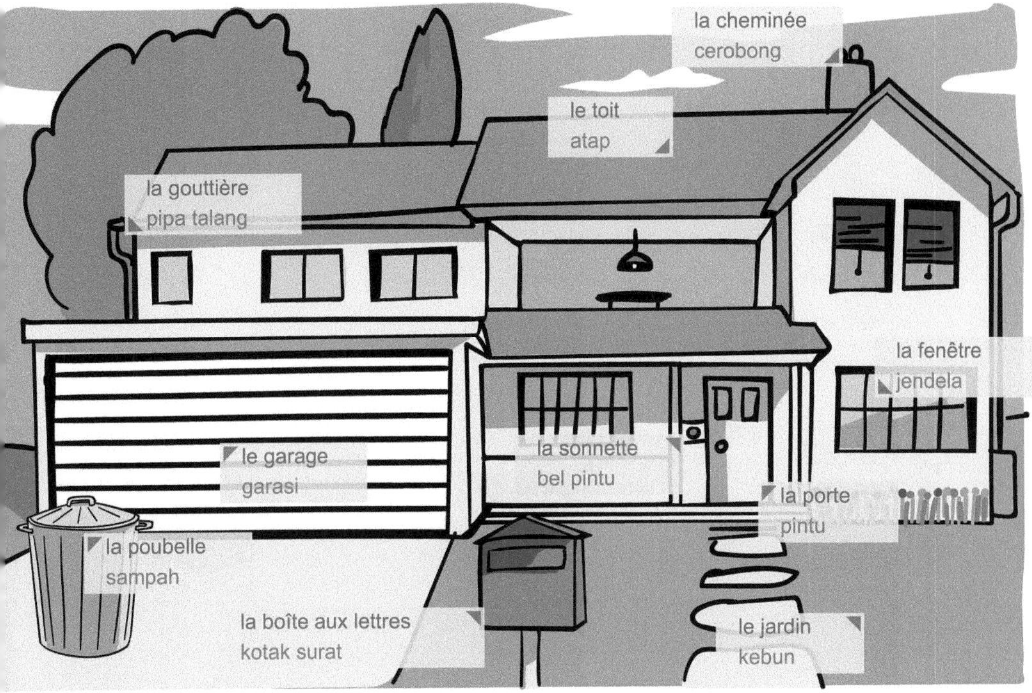

la cheminée
cerobong
le toit
atap
la gouttière
pipa talang
la fenêtre
jendela
le garage
garasi
la sonnette
bel pintu
la porte
pintu
la poubelle
sampah
la boîte aux lettres
kotak surat
le jardin
kebun

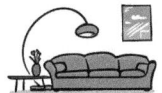

le salon

ruang tamu

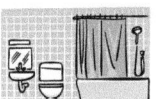

la salle de bain

kamar mandi

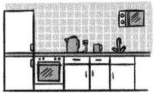

la cuisine

dapur

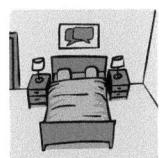

la chambre à coucher

kamar tidur

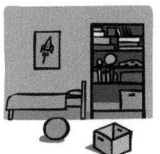

la chambre d'enfant

kamar anak

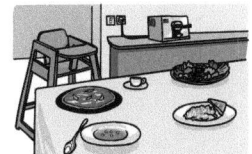

la salle à manger

kamar makan

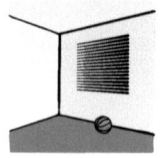

le sol

lantai

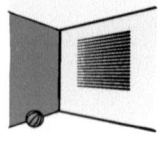

le mur

tembok

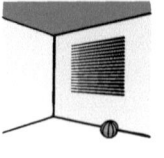

le plafond

atap

la cave

gudang di bawah tanah

le sauna

sauna

le balcon

balkon

la terrasse

teras

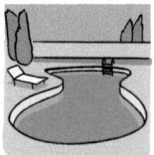

la piscine

kolam renang

la tondeuse à gazon

mesin pemotong rumput

la housse

sprei

la couette

selimut

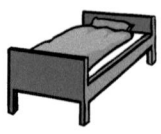

le lit

tempat tidur

le balai

sapu

le sceau

ember

l'interrupteur

tombol

le salon
ruang tamu

le papier peint
kertas dinding
l'image
gambar
la lampe
lampu
l'étagère
rak
l'armoire
kabinet
la télé
televisi
la cheminée
perapian
la fleur
bunga
le coussin
bantal
le sofa
sofa
le vase
vas
la télécommande
remote control

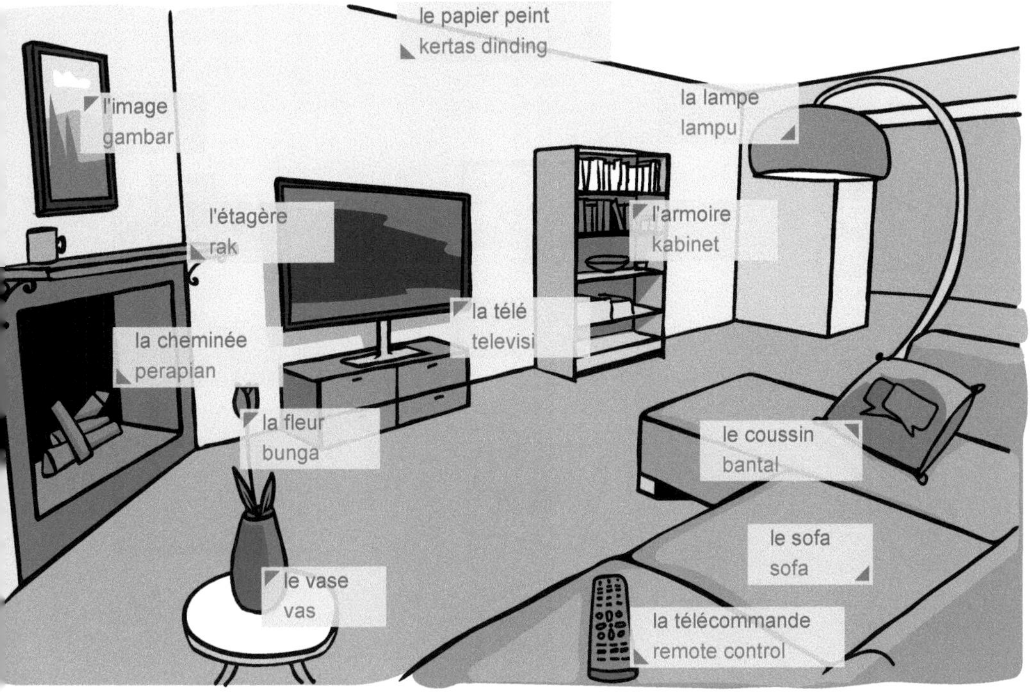

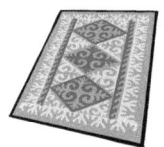

le tapis

karpet

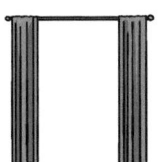

le rideau

korden

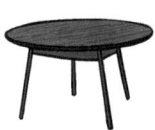

la table

meja

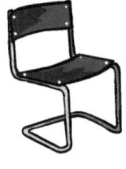

la chaise

kursi

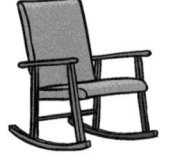

la chaise à bascule

kursi goyang

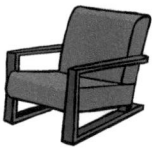

le fauteuil

kursi malas

le livre

buku

la couverture

selimut

la décoration

dekorasi

le bois de chauffage

kayu bakar

le film

filem

la chaîne hi-fi

hi-fi

la clé

kunci

le journal

koran

la peinture

lukisan

le poster

poster

la radio

radio

le bloc-notes

buku tulis

l'aspirateur

penyedot debu

le cactus

kaktus

la bougie

lilin

la cuisine
dapur

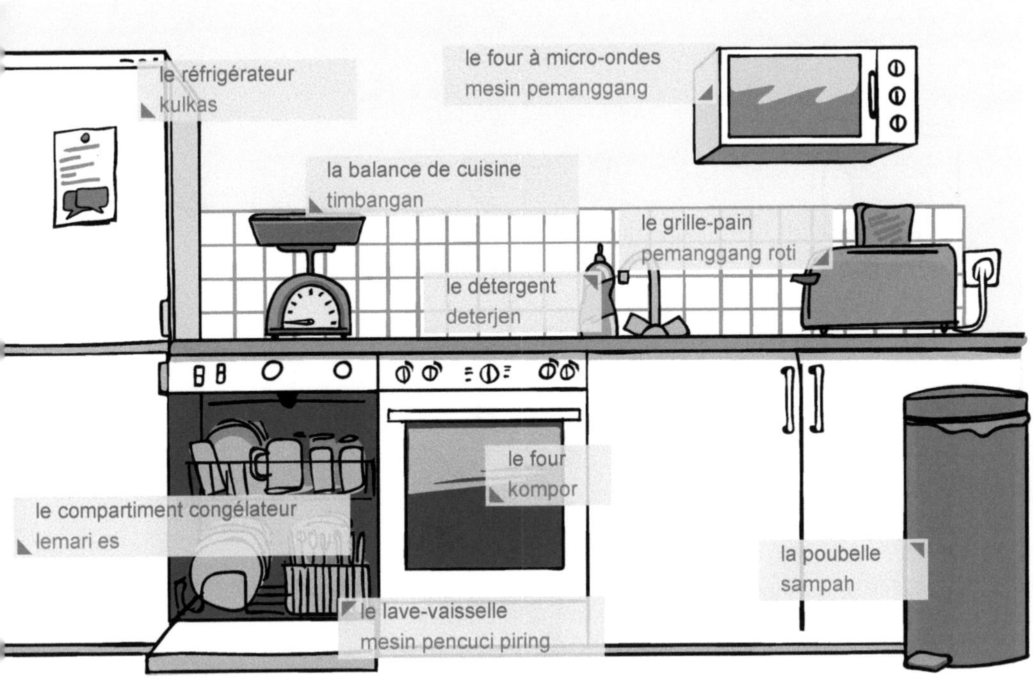

le réfrigérateur
kulkas
le four à micro-ondes
mesin pemanggang
la balance de cuisine
timbangan
le grille-pain
pemanggang roti
le détergent
deterjen
le four
kompor
le compartiment congélateur
lemari es
la poubelle
sampah
le lave-vaisselle
mesin pencuci piring

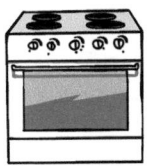

le four

kompor

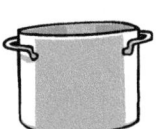

la casserole

panci

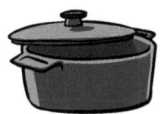

la marmite

panci besi

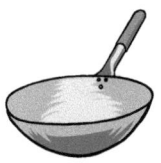

le wok / kadai

wajan

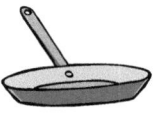

la poêle

panci

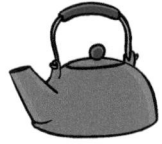

la bouilloire electrique

pemanas air

le cuiseur vapeur

panci pengukus makanan

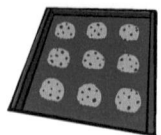

la plaque de cuisson

nampan

la vaisselle

piring

le gobelet

cangkir

la coupe

mangkok

les baguettes

sumpit

la louche

sendok sup

la spatule

sudip

le fouet

mengocok

la passoire

saringan

le tamis

saringan

la râpe

parutan

le mortier

mortir

le barbecue

barbeque

la cheminée

api terbuka

la planche à découper

papan memotong

le rouleau à pâtisserie

gilingan

le tire-bouchon

alat pembuka botol

la boîte

kaleng

l'ouvre-boîte

pembuka kaleng

les maniques

pegangan panci

le lavabo

wastafel

la brosse

sikat

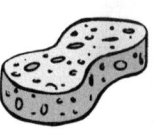

l'éponge

busa

le mixeur

mesin pencampur

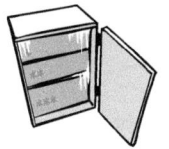

le congélateur

lemari es

le biberon

botol bayi

le robinet

keran

la salle de bain

kamar mandi

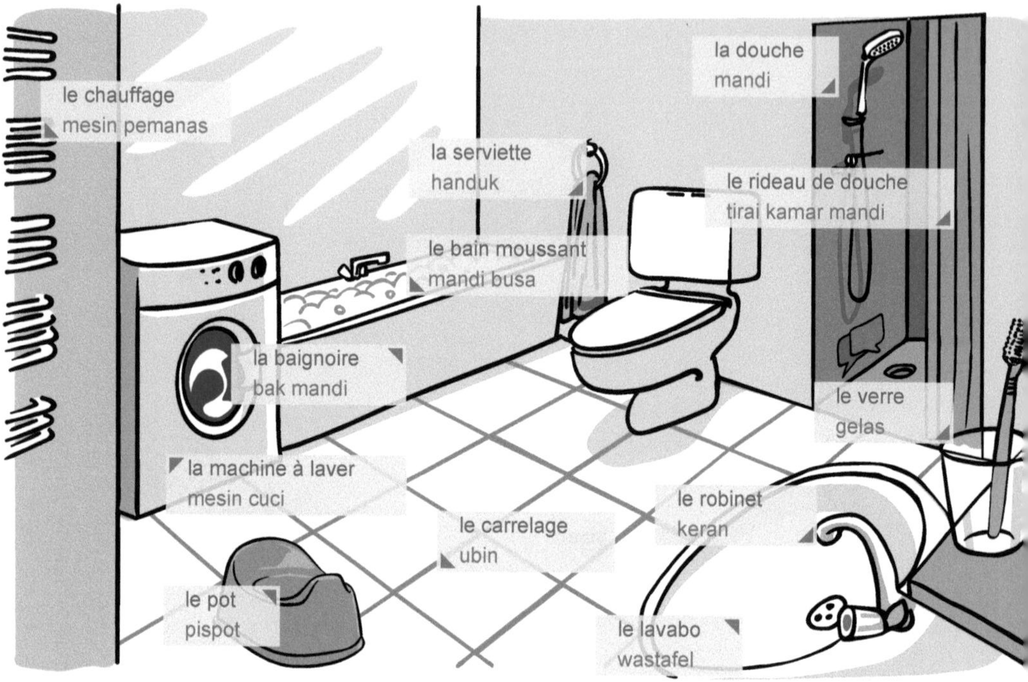

le chauffage
mesin pemanas
la douche
mandi
la serviette
handuk
le rideau de douche
tirai kamar mandi
le bain moussant
mandi busa
la baignoire
bak mandi
le verre
gelas
la machine à laver
mesin cuci
le robinet
keran
le carrelage
ubin
le pot
pispot
le lavabo
wastafel

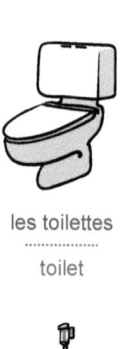

les toilettes

toilet

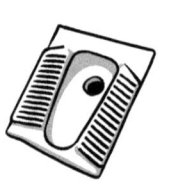

la toilette à la turque

toilet jongkok

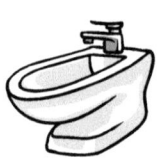

le bidet

bidet

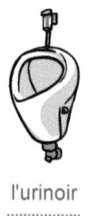

l'urinoir

pissoir

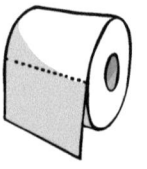

le papier toilette

kertas toilet

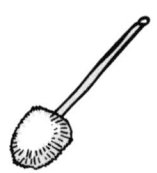

la brosse à toilette

sikat toilet

la brosse à dents

sikat gigi

le dentifrice

pasta gigi

le fil dentaire

benang gigi

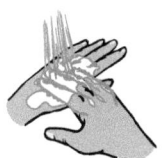

laver

menyuci

la douche manuelle

pancuran tangan

la douche intime

pancuran

la vasque

bak

la brosse dorsale

sikat punggung

le savon

sabun

le gel douche

gel mandi

le shampooing

sampo

le gant de toilette

planel

l'écoulement

kuras

la crème

krim

le déodorant

deodoran

le miroir

kaca

le miroir cosmétique

cermin tangan

le rasoir

pisau cukur

la mousse à raser

busa cukur

l'après-rasage

aftershave

la peigne

sisir

la brosse

sikat

le sèche-cheveux

alat pengering rambut

la laque pour cheveux

semprot rambut

le fond de teint

makeup

le rouge à lèvres

lipstik

le vernis à ongles

cat kuku

l'ouate

kapas

le coupe-ongles

gunting kuku

le parfum

minyak wangi

la trousse de toilette

kantong pencuci

le tabouret

bangku

le pèse-personne

timbangan

le peignoir

mantel mandi

les gants de nettoyage

sarung tangan karet

le tampon

tampon

les serviettes hygiéniques

handuk pembalut

la toilette chimique

toilet kimia

la chambre d'enfant
kamar anak

le réveil
jam alarm
le doudou
boneka tidur
la voiture jouet
mobil-mobilan
le hochet
kelintung
la maison de poupée
rumah boneka
le cadeau
kado

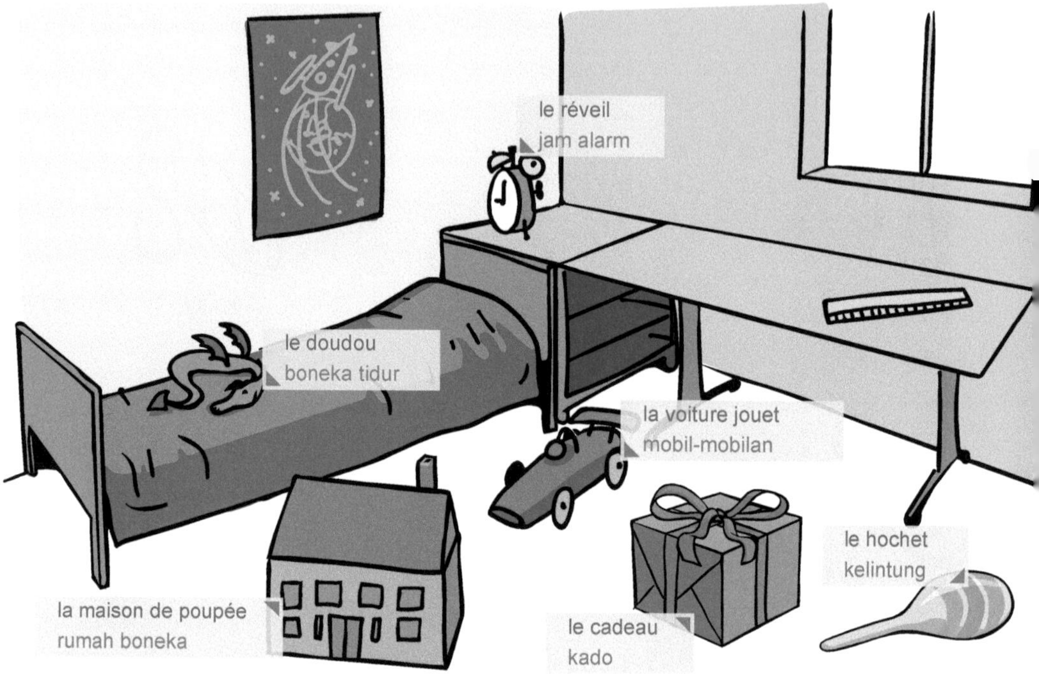

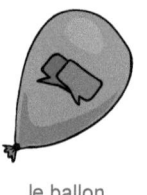

le ballon

balon

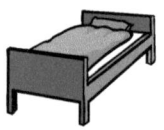

le lit

tempat tidur

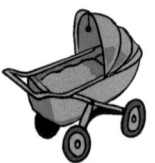

la poussette

kereta bayi

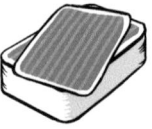

le jeu de cartes

mainan kartu

le puzzle

teka-teki

SUPER MEGA

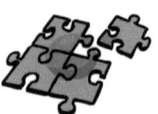

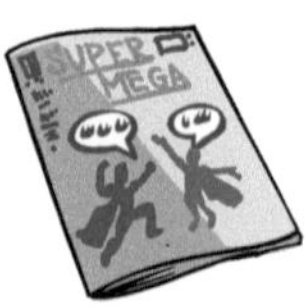

la bande dessinée

komik

les pièces lego

mainan lego

les blocs de construction

blok mainan

la figurine

figur aksi

la grenouillère

baju monyet

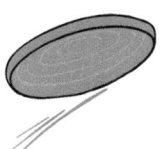

le frisbee

frisbee

le mobile

mobile

le jeu de société

permainan papan

le dé

dadu

le train miniature

set model kreta api

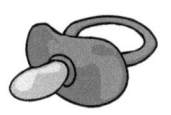

la sucette

dot

la fête

pesta

le livre d'images

buku gambar

la balle

bola

la poupée

boneka

jouer

bermain

le bac à sable

tempat main pasir

la balançoire

ayunan

les jouets

mainan

la console de jeu

video game konsol

le tricycle

sepeda roda tiga

l'ours en peluche

teddy

l'armoire

lemari pakaian

les vêtements

pakaian

les chaussettes

kaos kaki

les bas

kaos kaki

le collant

baju ketat

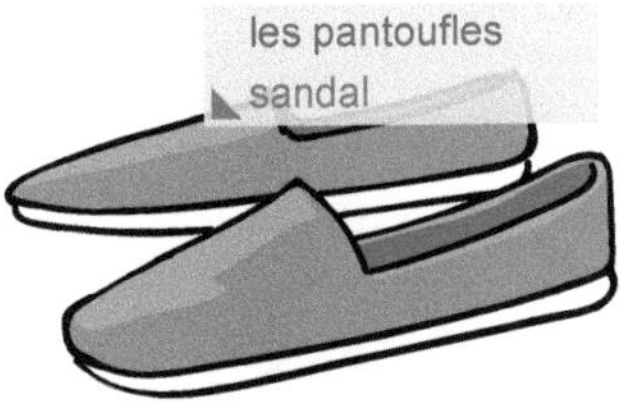

l'écharpe
syal

le parapluie
payung

le t-shirt
kaos

la ceinture
sabuk

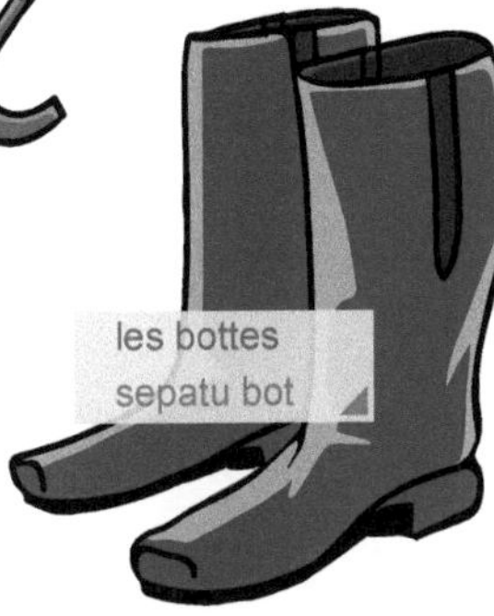

les bottes
sepatu bot

les pantoufles
sandal

les baskets
sepatu

les sandales
....
sandal

les chaussures
....
sepatu

les bottes de caoutchouc
....
sepatu bot karet

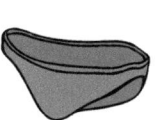

les sous-vêtements
....
celana dalam

le soutien-gorge
....
BH

le maillot de corps
....
baju rompi

le body
body

le pantalon
celana

le jean
jeans

la jupe
rok

le chemisier
blus

la chemise
kemeja

le pull
aket berkerudung

le sweat à capuche
sweater

la veste
jaket

la veste
jaket

le manteau
mantel

l'imperméable
jas hujan

le costume
kostum

la robe
gaun

la robe de mariée
gaun pengantin

le costume

setelan resmi

la chemise de nuit

gaun tidur

le pyjama

piyama

le sari

sari

le foulard

jilbab

le turban

turban

la burqa

burka

le caftan

kaftan

l'abaya

abaya

le maillot de bain

pakaian renang

le maillot de bain

celana renang

le short

celana pendek

la tenue d'entraînement

olah raga

le tablier

celemek

les gants

sarung tangan

le bouton

kancing

les lunettes

kacamata

le bracelet

gelang

le collier

kalung

la bague

cincin

la boucle d'oreille

anting

le bonnet

topi

le cintre

gantungan mantel

le chapeau

topi

la cravate

dasi

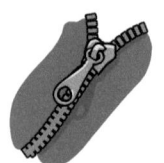

la fermeture éclair

ritsleting

le casque

helm

les bretelles

tali selempang

l'uniforme scolaire

seragam sekolah

l'uniforme

seragam

le bavoir
oto

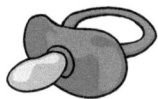

la sucette
dot

la lange
popok

le bureau
kantor

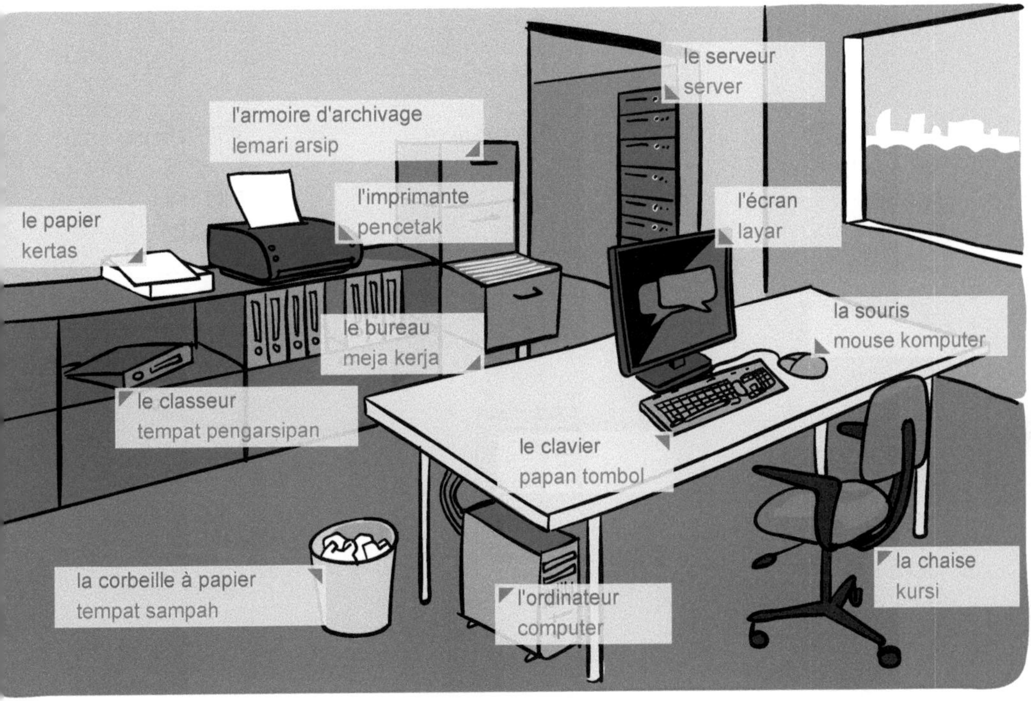

le serveur
server

l'armoire d'archivage
lemari arsip

l'imprimante
pencetak

l'écran
layar

le papier
kertas

la souris
mouse komputer

le bureau
meja kerja

le classeur
tempat pengarsipan

le clavier
papan tombol

la corbeille à papier
tempat sampah

la chaise
kursi

l'ordinateur
computer

la tasse de café
cangkir kopi

la calculatrice
kalkulator

l'internet
internet

l'ordinateur portable

laptop

la lettre

surat

le message

pesan

le portable

telepon seluler

le réseau

jaringan

la photocopieuse

fotokopi

le logiciel

software

le téléphone

telepon

la prise

plug soket

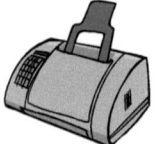

le fax

mesin fax

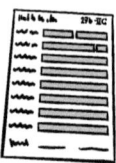

le formulaire

formulir

le document

dokumen

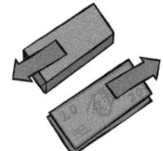

acheter

membeli

payer

membayar

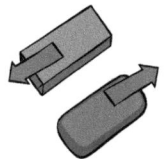

faire du commerce

berdagang

la monnaie

uang

le dollar

Dollar

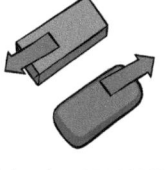

l'euro

Euro

le yen

Yen

le rouble

Rubel

le franc suisse

Franc Swiss

le renminbi yuan

Renminbi Yuan

la roupie

Rupiah

le distributeur automatique

ATM

le bureau de change

kantor pertukaran mata uang

l'or

emas

l'argent

perak

le pétrole

minyak

l'énergie

energi

le prix

harga

le contrat

kontrak

la taxe

pajak

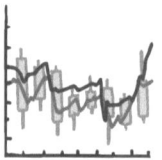

l'action

saham

travailler

bekerja

l'employé

karyawan

l'employeur

majikan

l'usine

pabrik

le magasin

toko

les professions
pekerjaan

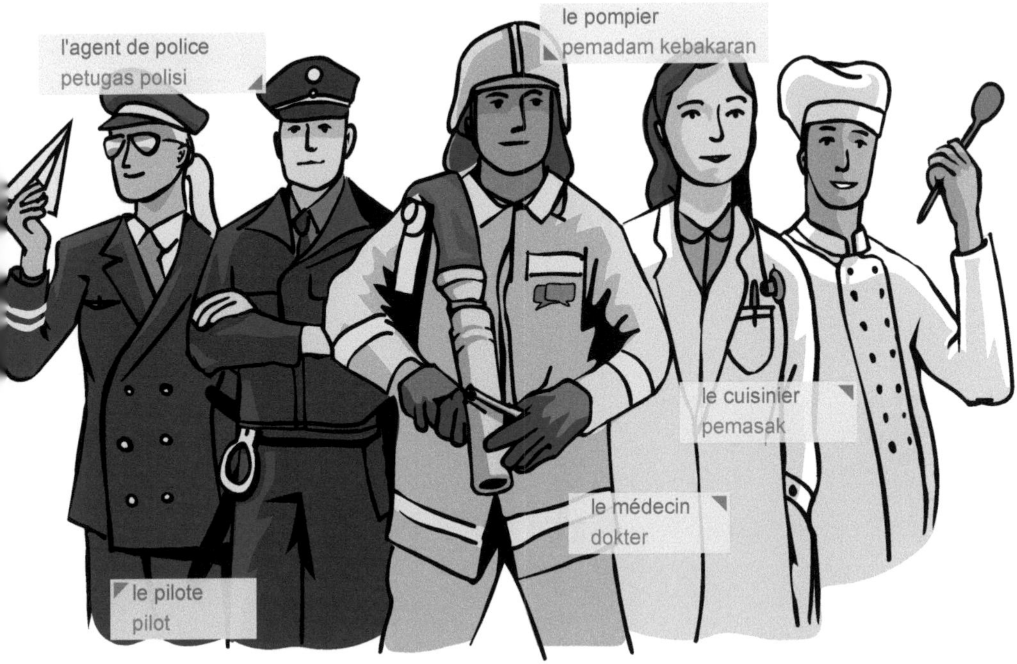

l'agent de police
petugas polisi
le pompier
pemadam kebakaran
le cuisinier
pemasak
le médecin
dokter
le pilote
pilot

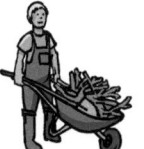

le jardinier
tukan kebun

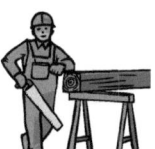

le menuisier
tukang kayu

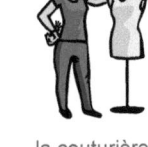

la couturière
penjahit wanita

le juge
hakim

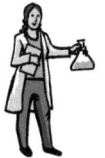

le chimiste
ahli kimia

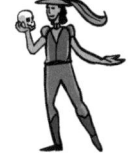

l'acteur
aktor

le conducteur de bus

sopir bis

le chauffeur de taxi

sopir taksi

le pêcheur

nelayan

la femme de ménage

pembantu

le couvreur

tukang atap

le serveur

pelayan

le chasseur

pemburu

le peintre

pelukis

le boulanger

tukang roti

l'électricien

tukang listrik

l'ouvrier

pembangun

l'ingénieur

insinyur

le boucher

tukang daging

le plombier

tukang ledeng

le facteur

tukang pos

les professions - pekerjaan

le soldat
tentara

l'architecte
arsitek

le caissier
kasir

le fleuriste
penjual bunga

le coiffeur
penata rambut

le contrôleur
konduktor

le mécanicien
montir

le capitaine
kapten

le dentiste
dokter gigi

le scientifique
ilmuwan

le rabbin
rabbi

l'imam
imam

le moine
biarawan

le prêtre
pendeta

les outils

alat

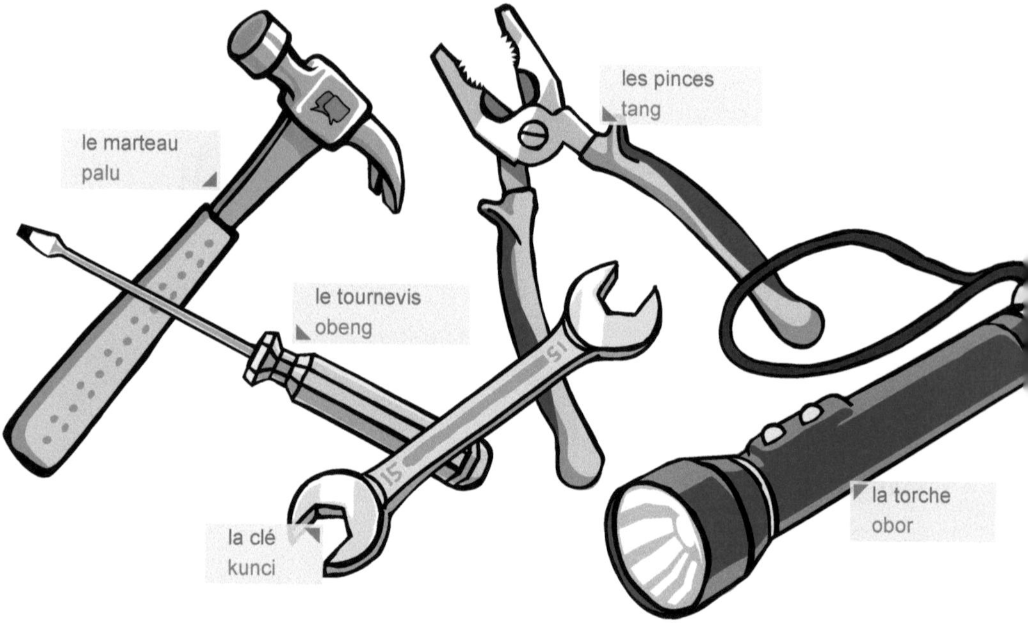

le marteau
palu
les pinces
tang
le tournevis
obeng
la clé
kunci
la torche
obor

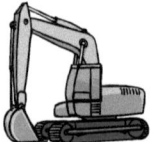

la pelletease

penggali

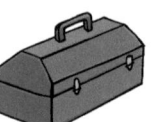

la boîte à outils

tas perkakas

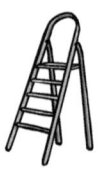

l'échelle

tangga

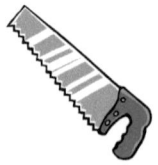

la scie

gergaji

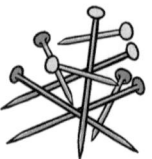

les clous

paku

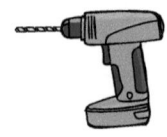

la perceuse

bor

réparer

perbaikan

la pelle

sekop

Mince !

Sialan!

la pelle

cikrak

le pot de peinture

pot cat

les vis

sekrup

les instruments de musique
alat musik

la batterie
alat drum

le haut-parleurs
pengeras suara

la guitare
gitar

la contrebasse
bas

la trompette
trompet

le piano

piano

le violon

violin

la basse

bass

les timbales

tambur

le tambour

drum

le piano électrique

keyboard

le saxophone

saksofon

la flûte

suling

le microphone

mikrofon

le zoo
kebun binatang

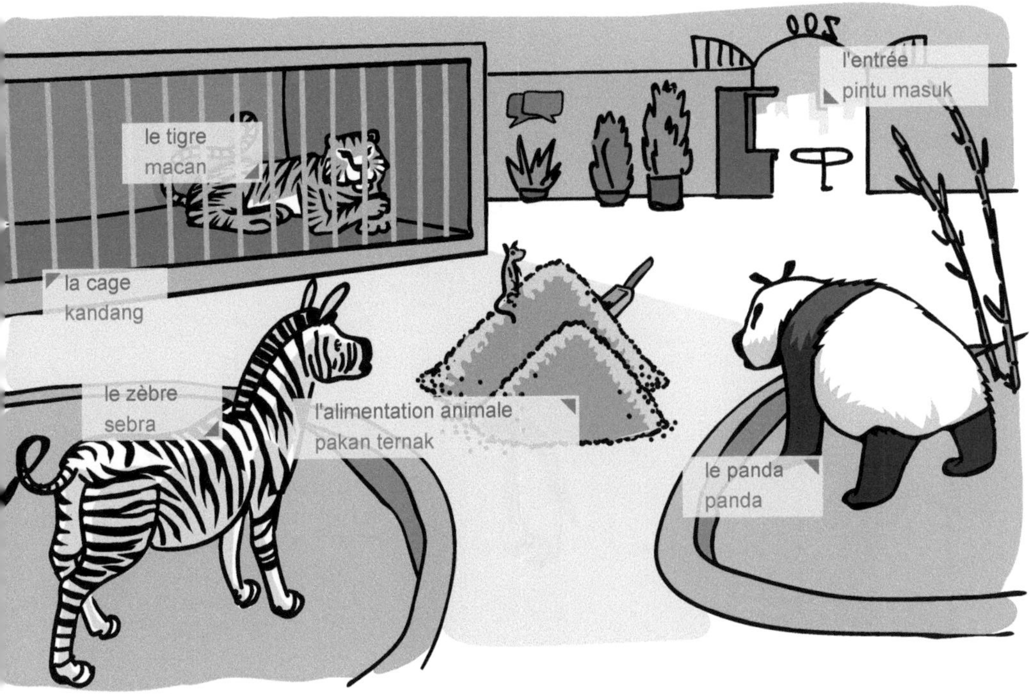

l'entrée
pintu masuk
le tigre
macan
la cage
kandang
le zèbre
sebra
l'alimentation animale
pakan ternak
le panda
panda

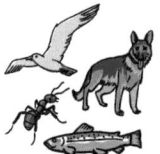

les animaux

hewan

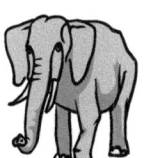

l'éléphant

gajah

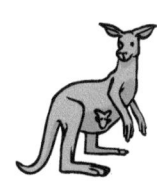

le kangourou

kanguru

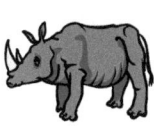

le rhinocéros

badak

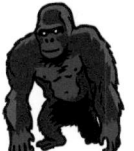

le gorille

gorila

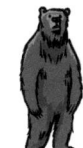

l'ours

beruang

le chameau

unta

l'autruche

burung unta

le lion

singa

le singe

monyet

le flamand rose

flamingo

le perroquet

burung beo

l'ours polaire

beruang polar

le pingouin

penguin

le requin

hiu

le paon

merak

le serpent

ular

le crocodile

buaya

le gardien de zoo

penjaga kebun binatang

le phoque

segel

le jaguar

jaguar

le poney

kuda poni

le léopard

macan tutul

l'hippopotame

kuda nil

la girafe

jerapah

l'aigle

burung elang

le sanglier

babi jantan

le poisson

ikan

la tortue

kura-kura

le morse

anjing laut

le renard

rubah

la gazelle

kijang

le zoo - kebun binatang

l'american Football
american football

le cyclisme
naik sepeda

le tennis
tennis

le basket-ball
basketbal

la natation
bernang

la boxe
tinju

le hockey sur glace
hoki es

le football
sepak bola

le badminton
badminton

l'athlétisme
atletik

le handball
bola tangan

le ski
main ski

le polo
polo

les activités
aktivitas

rire
ketawa
sauter
meloncat
embrasser
memeluk
marcher
berjalan
chanter
menyanyi
rêver
mengimpi
prier
berdoa
faire la bise
mencium

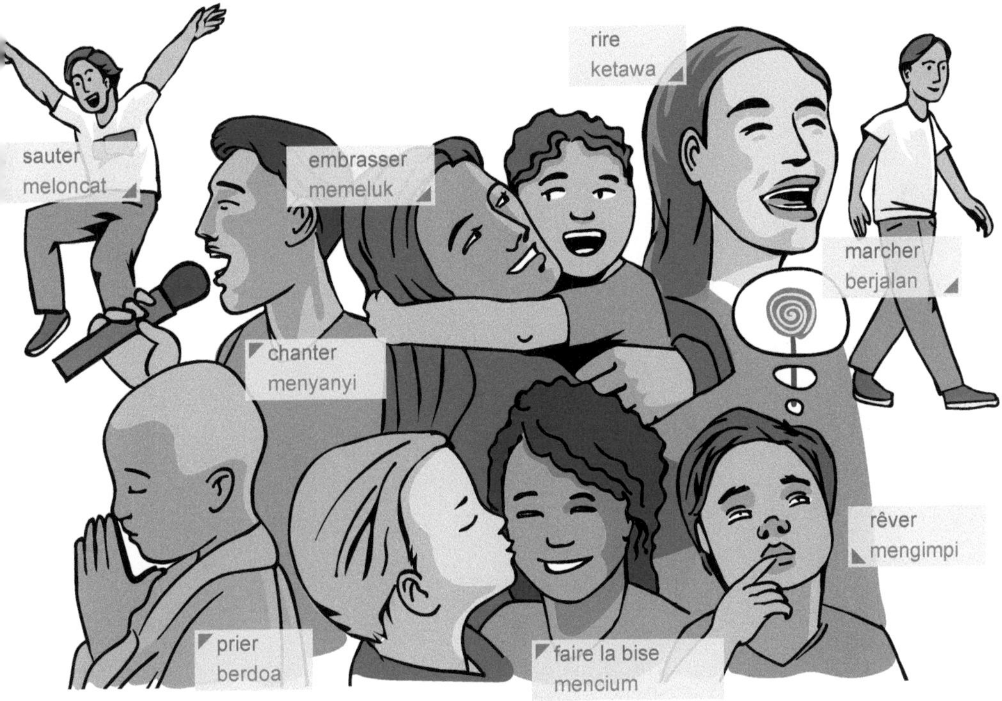

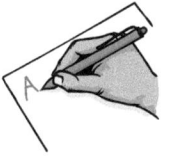

écrire
menulis

dessiner
melukis

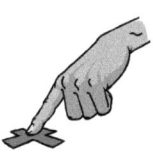

montrer
menunjuk

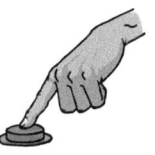

pousser
mendorong

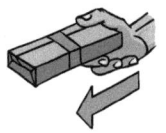

donner
memberikan

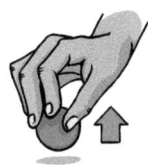

prendre
mengambil

avoir

mempunyai

faire

melakukan

être

adalah

être debout

berdiri

courir

berlari

trier

menarik

jeter

melempar

tomber

jatuh

être couché

tidur

attendre

menunggu

porter

membawa

être assis

duduk

s'habiller

berpakaian

dormir

tidur

se réveiller

bangun

regarder
melihat

pleurer
menangis

caresser
mengelus

peigner
menyisir

parler
berbicara

comprendre
mengerti

demander
menanyak

écouter
mendengar

boire
minum

manger
makan

ranger
merapikan

aimer
cinta

cuire
memasak

conduire
menyetir

voler
terbang

faire de la voile

berlayar

calculer

menghitung

lire

membaca

apprendre

belajar

travailler

bekerja

se marier

menikah

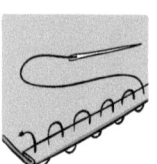

coudre

menjahit

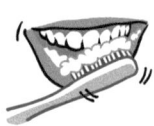

brosser les dents

sikat gigi

tuer

membunuh

fumer

merokok

envoyer

kirim

la famille
keluarga

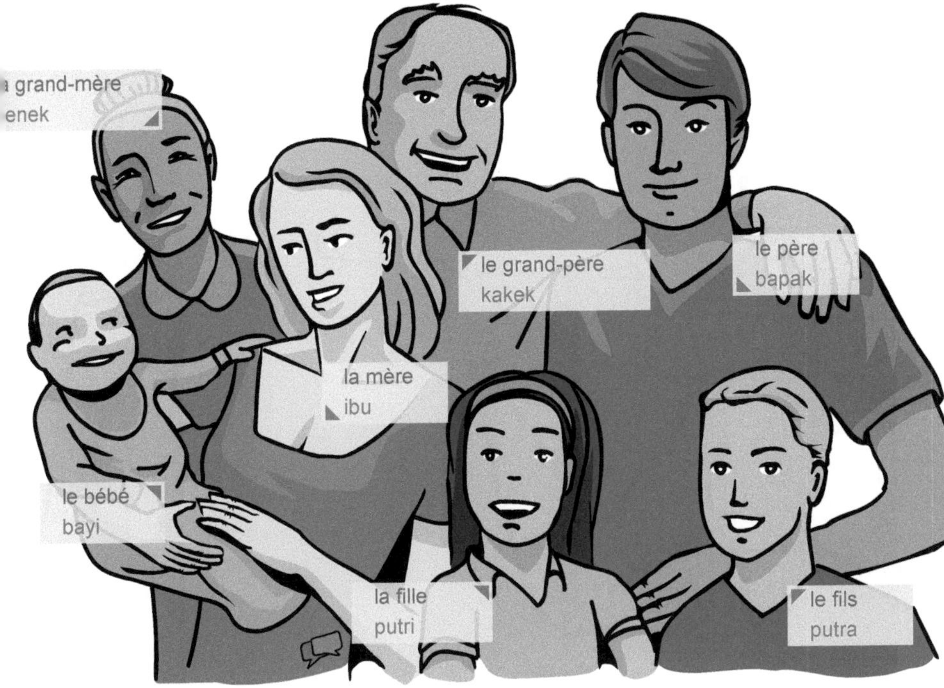
a grand-mère
enek
le grand-père
kakek
le père
bapak
la mère
ibu
le bébé
bayi
la fille
putri
le fils
putra

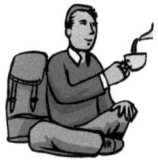

l'hôte

tamu

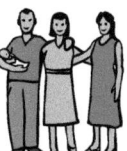

la tante

bibi

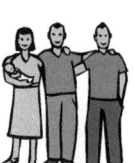

l'oncle

paman

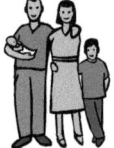

le frère

kakak laki

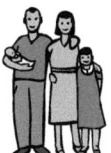

la sœur

kakak perempuan

le corps

badan

le front
dahi
l'œil
mata
l'épaule
bahu
le doigt
jari
le visage
muka
le menton
dagu
la main
tangan
la jambe
kaki
la poitrine
payudara
le bras
lengan

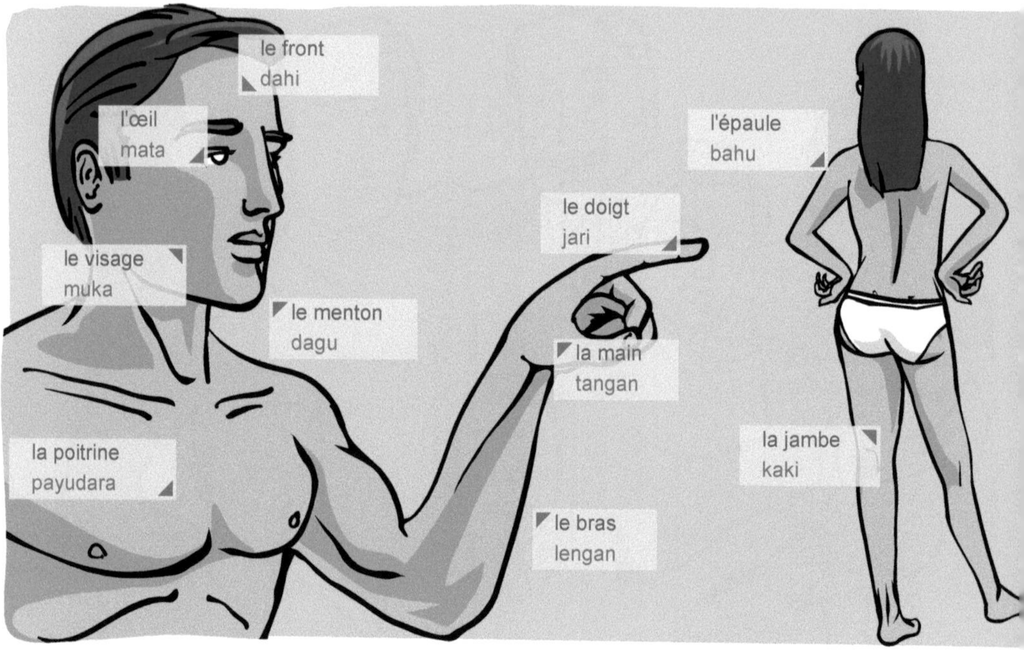

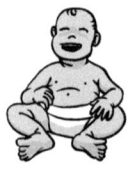

le bébé

bayi

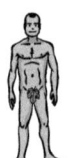

l'homme

pria

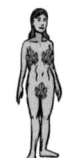

la femme

wanita

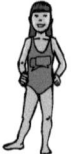

la fille

perempuan

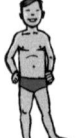

le garçon

laki

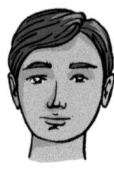

la tête

kepala

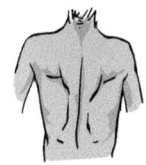

le dos
punggung

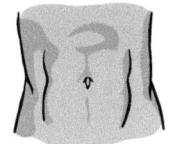

le ventre
perut

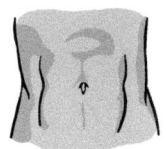

le nombril
pusar

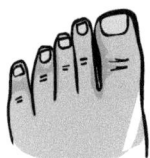

l'orteil
toe

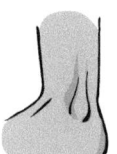

le talon
tumit

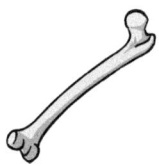

l'os
tulang

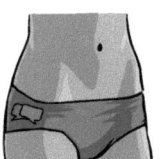

la hanche
pinggang

le genou
lutut

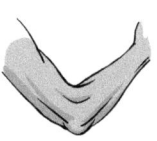

le coude
siku

le nez
hidung

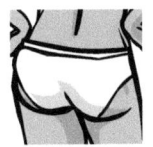

les fesses
pantat

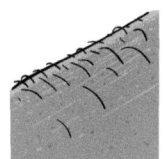

la peau
kulit

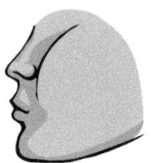

la joue
pipi

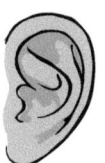

l'oreille
telinga

la lèvre
bibir

la bouche
mulut

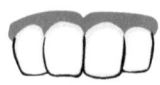

la dent
gigi

la langue
lidah

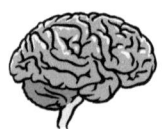

le cerveau
otak

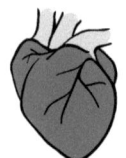

le cœur
jantung

le muscle
otot

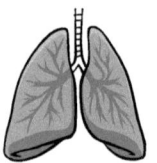

les poumons
paru-paru

le foie
hati

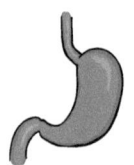

l'estomac
stomach

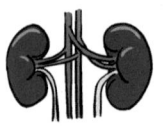

les reins
ginjal

le rapport sexuel
hubungan seks

le préservatif
kondom

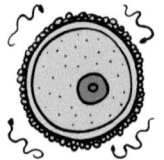

l'ovule
sel telur

le sperme
sperma

la grossesse
kehamilan

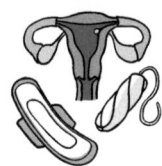

la menstruation
menstruasi

le vagin
vagina

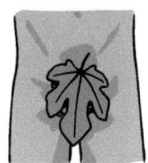

le pénis
penis

le sourcil
alis

les cheveux
rambut

le cou
leher

l'hôpital
rumah sakit

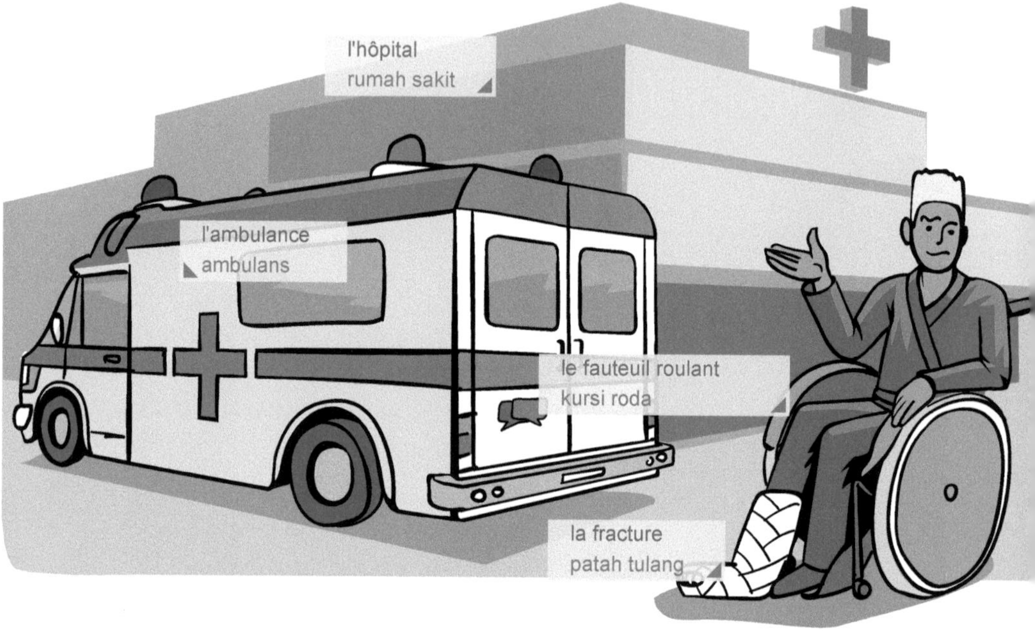

l'hôpital
rumah sakit
l'ambulance
ambulans
le fauteuil roulant
kursi roda
la fracture
patah tulang

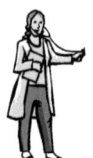

le médecin
dokter

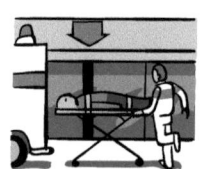

le service des urgences
ruang darurat

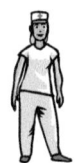

l'infirmière
perawat

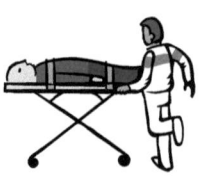

l'urgence
darurat

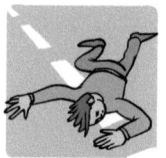

inconscient
semaput

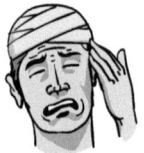

la douleur
sakit

la blessure

cedera

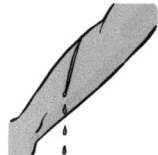

l'hémorragie

perdarahan

la crise cardiaque

serangan jantung

l'attaque cérébrale

stroke

l'allergie

alergi

la toux

batuk

la fièvre

demam

la grippe

flu

la diarrhée

diare

le mal de tête

sakit kepala

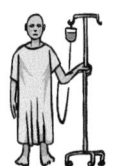

le cancer

kanker

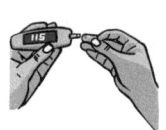

le diabète

diabetes.

le chirurgien

ahli bedah

le scalpel

pisau bedah

l'opération

operasi

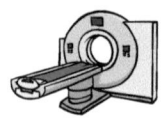

le CT

CT

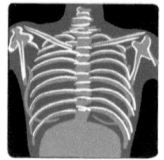

la radiographie

sinar x

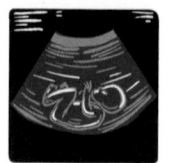

l'échographie

usg

le masque

topeng

la maladie

penyakit

la salle d'attente

ruang tunggu

la béquille

penyokong

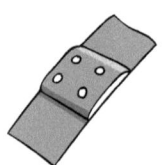

le pansement

plester

le pansement

perban

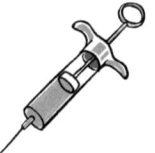

l'injection

injeksi

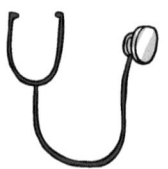

le stéthoscope

stetoskop

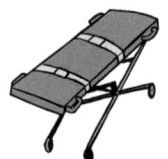

le brancard

usungan

le thermomètre

termometer klinis

l'accouchement

kelahiran

la surcharge pondérale

kelebihan berat badan

l'appareil auditif

alat pendengar

le désinfectant

desinfektan

l'infection

infeksi

le virus

virus

le VIH / le sida

HIV / AIDS

le médicament

obat

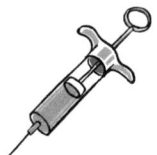

la vaccination

vaksinasi

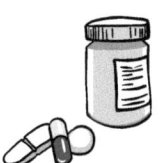

les comprimés

tablet

la pilule

pil

l'appel d'urgence

panggilan darurat

le tensiomètre

ukur tekanan darah

malade / sain

sakit / sehat

Au secours !

Tolong!

l'alarme

alarm

l'assaut

penyerbuan

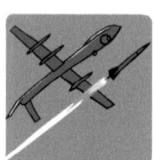

l'attaque

serangan

le danger

bahaya

la sortie de secours

pintu darurat

Au feu!

Api!

l'extincteur

alat pemadam kebakaran

l'accident

kecelakaan

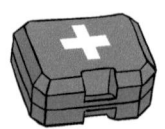

la trousse de premier
secours

kit pertolongan pertama

SOS

SOS

la police

polisi

l'Europe

Eropa

l'Amérique du Nord

Amerika Utara

l'Amérique du Sud

Amerika Selatan

l'Afrique

Afrika

l'Asie

Asia

l'Australie

Australi

l'Océan atlantique

Atlantik

l'Océan pacifique

Pasifik

l'Océan indien

Samudra India

l'Océan antarctique

Samudra Antartika

l'Océan arctique

Samudra Arktik

le Pôle nord

kutub utara

le Pôle sud

kutub selatan

l'Antarctique

Antarktika

la terre

bumi

le pays

tanah

la mer

laut

l'île

pulau

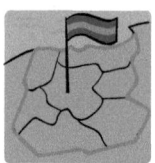

la nation

bangsa

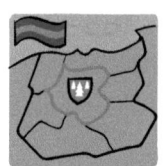

l'état

negara

le cadran

jam wajah

l'aiguille des heures

jarum pendek

l'aiguille des minutes

jarum menit

l'aiguille des secondes

jarum detik

Quelle heure est-il ?

Jam berapa?

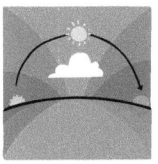

le jour

hari

le temps

waktu

maintenant

sekarang

la montre digitale

jam digital

la minute

menit

l'heure

jam

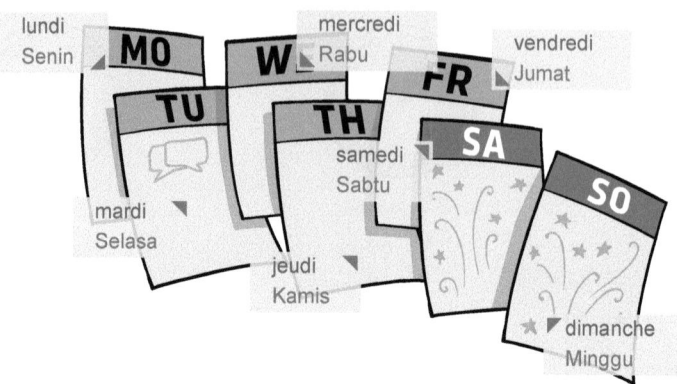

lundi — Senin
mardi — Selasa
mercredi — Rabu
jeudi — Kamis
vendredi — Jumat
samedi — Sabtu
dimanche — Minggu

hier
kemaren

aujourd'hui
hari ini

demain
besok

le matin
pagi

le midi
siang

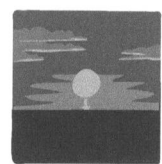

le soir
malam

MO	TU	WE	TH	FR	SA	SU
1	2	3	4	5	6	7
8	9	10	11	12	13	14
15	16	17	18	19	20	21
22	23	24	25	26	27	28
29	30	31	1	2	3	4

les jours ouvrables
hari kerja

MO	TU	WE	TH	FR	SA	SU
1	2	3	4	5	6	7
8	9	10	11	12	13	14
15	16	17	18	19	20	21
22	23	24	25	26	27	28
29	30	31	1	2	3	4

le week-end
akhir minggu

l'année
tahun

l'arc-en-ciel
pelangi
la pluie
hujan
la neige
salju
le vent
angin
le printemps
musim semi
l'automne
musim gugur
l'été
musim panas
l'hiver
musim dingin

4.APRIL 11°
5.APRIL 4°
6.APRIL 13°
7.APRIL 8°
8.APRIL 10°

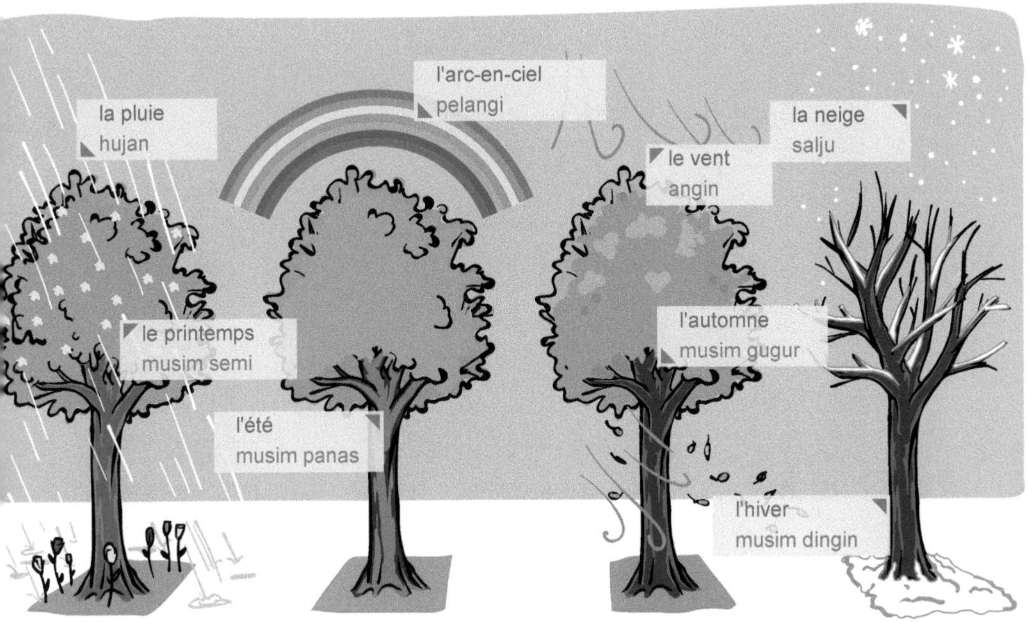

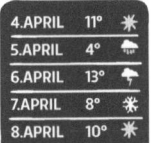

la météo
....
ramalan cuaca

F
C
120
90
60
30
0
-30
40
30
20
10
0
-10
-20

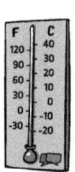

le thermomètre
....
termometer

la lumière du soleil
....
matahari

le nuage
....
awan

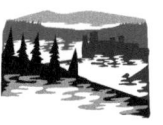

le brouillard
....
kabut

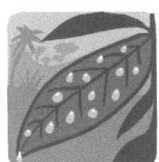

l'humidité
....
kelembahan

la foudre

kilat

la tonnerre

guntur

la tempête

badai

la grêle

hujan es

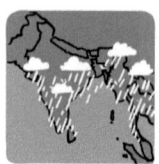

la mousson

monsun

l'inondation

banjir

la glace

es

janvier

Januari

février

Februari

mars

Maret

avril

April

mai

Mei

juin

Juni

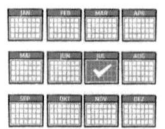

juillet

Juli

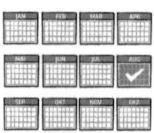

août

Agustus

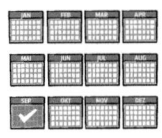

septembre

September

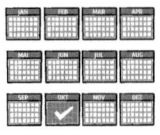

octobre

Oktober

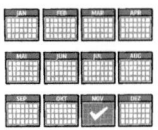

novembre

November

décembre

Desember

les formes
bentuk

le cercle

lingkaran

le carré

persegi

le rectangle

persegi panjang

le triangle

segi tiga

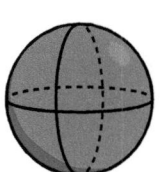

la sphère

bola

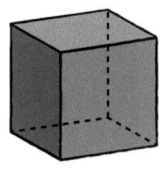

le cube

kubus

blanc

putih

jaune

kuning

orange

oranye

rose

pink

rouge

merah

violet

ungu

bleu

biru

vert

hijau

marron

coklat

gris

abu-abu

noir

hitam

beaucoup / peu

banyak / sedikit

fâché / calme

marah / tenang

joli / laid

cantik / jelek

le début / la fin

mulaih / selesai

grand / petit

besar / kecil

clair / obscure

terang / gelap

frère / soeur

saudara laki-laki / saudara perempuan

propre / sale

bersih / kotor

complet / incomplet

lengkap / tidak lengkap

le jour / la nuit

hari / malam

mort / vivant

mati / hidup

large / étroit

luas / sempit

comestible / incomestible

dapat dimakan / tidak dapat dimakan

méchant / gentil

jahat / baik

excité / ennuyé

bersemangat / bosan

gros / mince

gemuk / kurus

le premier / le dernier

pertama / terakhir

l'ami / l'ennemi

teman / musuh

plein / vide

penuh / kosong

dur / souple

keras / lembut

lourd / léger

berat / enteng

faim / soif

lapar / haus

malade / sain

sakit / sehat

illégal / légal

ilegal / legal

intelligent / stupide

cerdas / bodoh

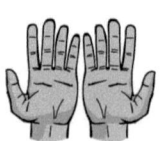

gauche / droite

kiri / kanan

proche / loin

dekat / jauh

nouveau / usé

baru / bekas

rien / quelque chose

tidak ada apapun / sesuatu

vieux / jeune

tua / muda

marche / arrêt

nyala / mati

ouvert / fermé

buka / tutup

faible / fort

tenang / keras

riche / pauvre

kaya / miskin

correct / incorrect

benar / salah

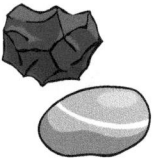

rugueux / lisse

kasar / halus

triste / heureux

sedih / gembira

court / long

pendek / panjang

lent / rapide

pelan-pelan / cepat

mouillé / sec

basah / kering

chaud / froid

hangat / sejuk

la guerre / la paix

perang / damai

les oppositions - berlawanan

0

zéro

nol

1

un / une

satu

2

deux

dua

3

trois

tiga

4

quatre

empat

5

cinq

lima

6

six

enam

7

sept

tujuh

8

huit

delapan

9

neuf

sembilan

10

dix

sepuluh

11

onze

sebelas

12

douze
duabelas

13

treize
tigabelas

14

quatorze
empatbelas

15

quinze
limabelas

16

seize
enambelas

17

dix-sept
tujuhbelas

18

dix-huit
delapanbelas

19

dix-neuf
sembilanbelas

20

vingt
duapuluh

100

cent
seratus

1.000

mille
seribu

1.000.000

le million
juta

les langues

bahasa-bahasa

l'anglais

Inggris

l'anglais américain

bahasa Inggris Amerika

le chinois mandarin

bahasa Cina Mandarin

le hindi

bahasa Hindi

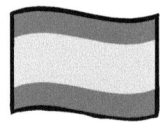

l'espagnol

bahasa Spanyol

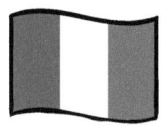

le français

bahasa Perancis

l'arabe

bahasa Arab

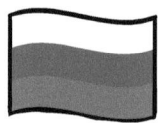

le russe

bahasa Rusia

le portugais

bahasa Portugis

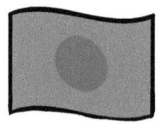

le bengali

bahasa Bengal

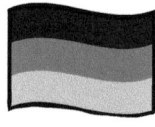

l'allemand

bahasa Jerman

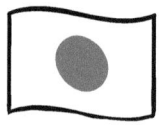

le japonais

bahasa Jepang

je
saya

tu
kamu

il / elle / ce, c', cela
dia

nous
kita

vous
kalian

ils / elles
mereka

Qui ?
siapa?

Quoi ?
apa?

Comment ?
begaimana?

Où ?
dimana?

Quand ?
kapan?

le nom
nama

où

dimana

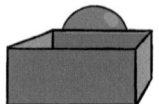

derrière

dibelakang

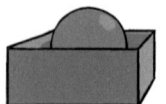

dans

di

devant

didepan

au-dessus

diatas

sur

diatas

en-dessous

dibawah

à côté de

sebelah

entre

di antara

le lieu

tempat